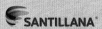

loqueleo®

ANTES DE MÍ

D. R. © del texto: Flor Aguilera García, 2016
D. R. © de las ilustraciones: Leonor Pérez, 2016
Primera edición: 2016

D. R. © Editorial Santillana, S. A. de C. V., 2017
    Av. Río Mixcoac 274, piso 4, Col. Acacias
    03240, México, Ciudad de México

Segunda edición: marzo de 2017

ISBN: 978-607-01-3312-1

Impreso en México

www.loqueleo.com/mx

SANTILLANA®

Esta obra se terminó de imprimir en marzo de 2017
en los talleres de Editorial Impresora Apolo, S.A. de C.V.
Centeno 150-6, Col. Granjas Esmeralda, C.P. 09810, Ciudad de México.

Flor Aguilera · Leonor Pérez

Antes de mí

loqueleo

Hoy descubrí un álbum de fotos
en el viejo armario. Es muy bonito,
pero a mí me provocó un gran susto.

Empecé a ver las fotos una por una. Vi a papá con
bigote y mucho pelo, y a mamá con vestidos chistosos.
Vi a mis cuatro abuelos, a mis tíos, a mis primos,
a mi perro Midas y a muchos amigos de mis papás.

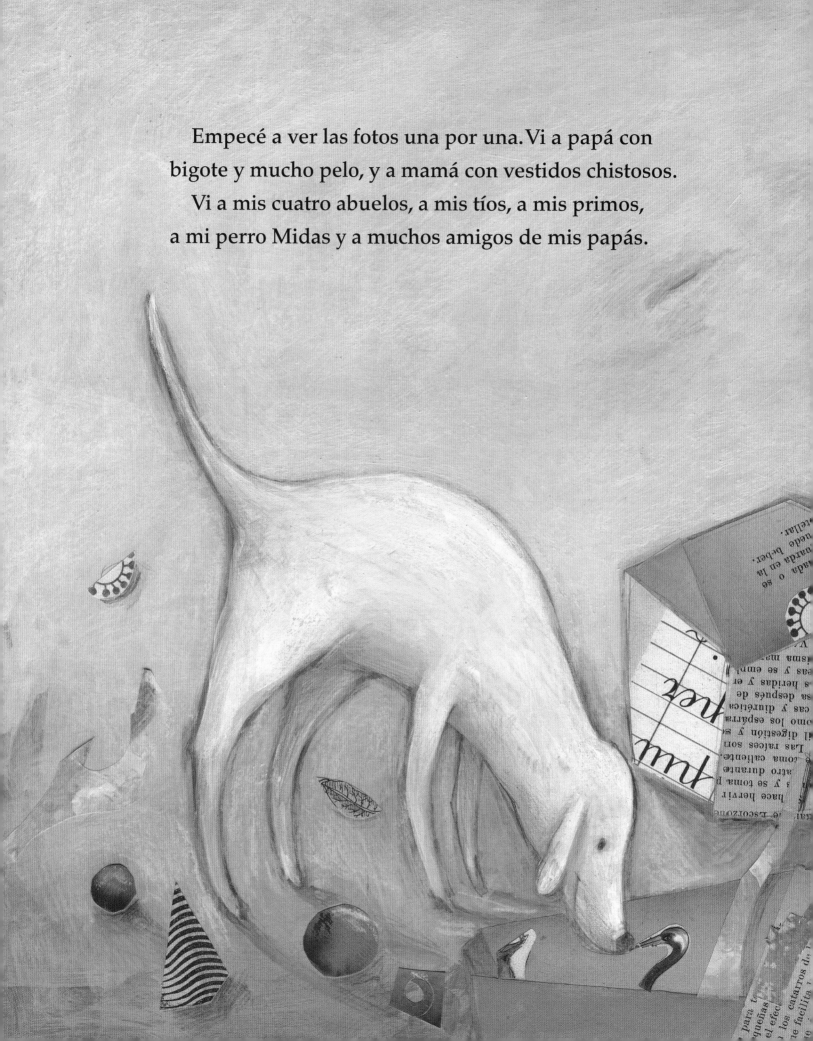

Pero yo no salía en ninguna foto.

Me busqué en todos lados: entre las cabezas y los pies, asomado detrás de las puertas y mirando por las ventanas, pero no me encontré. ¿Dónde estaba yo?